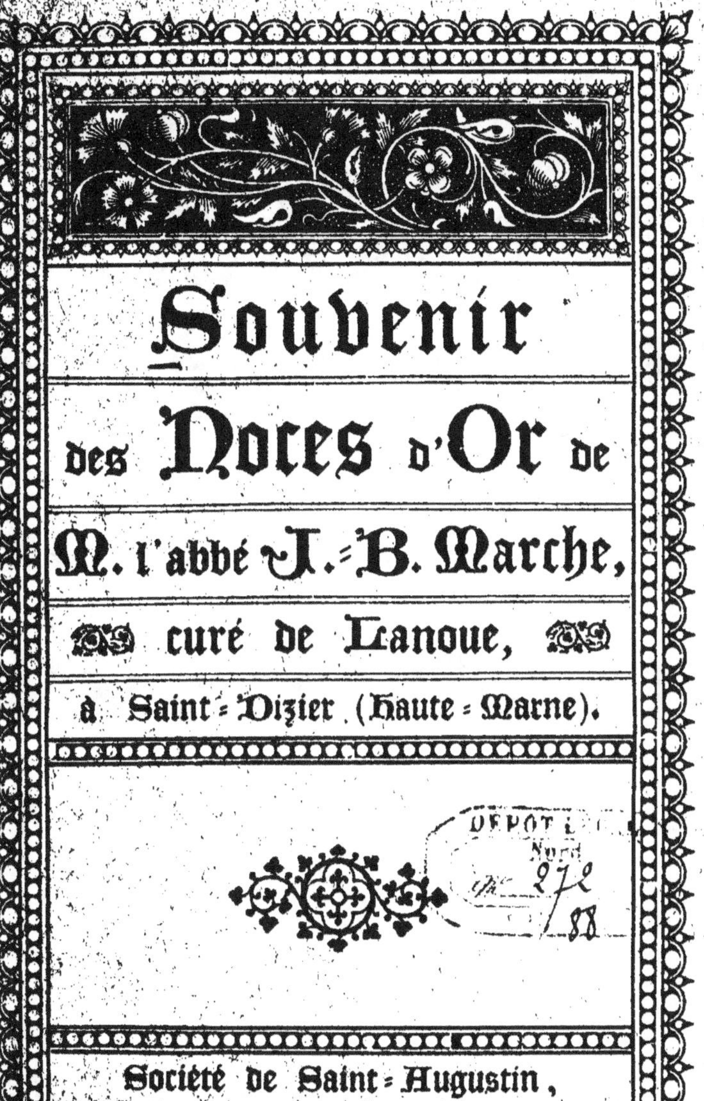

Souvenir
des Notes d'Or de
M. l'abbé J.-B. Marche,
curé de Lanoue,
à Saint-Dizier (Haute-Marne).
Société de Saint-Augustin,
DESCLÉE, DE BROUWER ET Cie,
LILLE, rue du Metz, 41. — 1888.

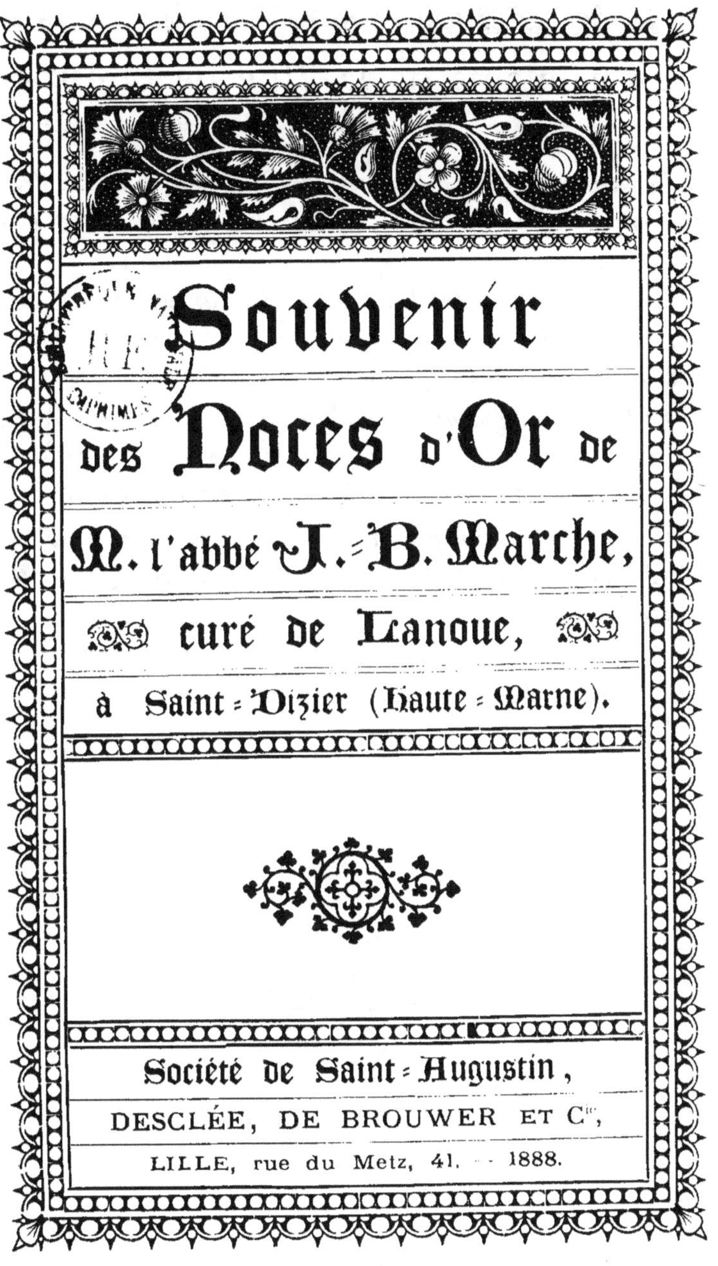

Souvenir

des Noces d'Or de

M. l'abbé J. B. Marche,

curé de Lanoue,

à Saint-Dizier (Haute-Marne).

Société de Saint-Augustin,

DESCLÉE, DE BROUWER ET Cⁱᵉ,

LILLE, rue du Metz, 41. — 1888.

Aux habitants de la Ville de St-Dizier.

Pouvait-on se taire à l'occasion des Noces d'or *de M. Jean-Baptiste Marche, Curé de la paroisse de Lanoue, dans notre ville ?*

Et en célébrant le Jubilé de M. J.-B. Marche, pouvait-on ne pas mêler à son nom le nom de son vénérable frère, son prédécesseur immédiat à la cure de Lanoue ?

Et l'Œuvre Réparatrice, qui glorifie le nom de Marche et qui est le grand trait d'union entre les deux frères, comment ne la pas nommer au jour de la fête de son second Directeur ?

C'est la pensée qui m'a fait prendre la plume pour célébrer un grand nom et rappeler une grande Œuvre, objet de tant d'espérances.

Que cette pensée soit mon excuse auprès du public de notre ville, à qui je dédie ces quelques lignes.

Un Compatriote.

I. — Les DEUX MARCHE.

Onsieur l'abbé Jean-Baptiste Marche, qui vient de solenniser, dans la vieille église de Lanoue, le cinquantième anniversaire de son ordination sacerdotale, a passé plus de la moitié de sa vie au milieu de nous. Il était curé d'une petite paroisse de la Blaise, Argentolle, quand, sur la demande son frère le vénérable abbé Pierre Marche alors curé de Lanoue, Monseigneur Parisis l'envoya comme vicaire dans cette paroisse, composée presque uniquement d'ouvriers.

M. Pierre Marche — celui que nous appelons toujours M. le curé pour le distinguer de M. Jean-Baptiste — venait de mourir à la peine et à la fleur de l'âge. Songez donc ! en dehors des soins multipliés que son grand cœur prodiguait à sa paroisse, M. le curé avait créé trois œuvres d'une importance exceptionnelle et qui seront à jamais remarquables dans le champ de l'Église.

Soutenu et encouragé par le grand évêque de Langres, il avait établi l'Association Réparatrice des blasphèmes et de la profanation du dimanche, élevée bientôt par l'immortel Pie IX à la dignité d'Archiconfrérie. Deux mille associations sont aujourd'hui affiliées à Lanoue, et plusieurs millions d'associés prient ensemble pour le même but.

Il avait élevé — au prix de quels sacrifices ! — le monastère de la Réparation, où il avait pu réunir, comme dans une ruche bienaimée, un essaim de ferventes religieuses dont les sentiments, le cœur, les prières, la vie entière, étaient voués à l'exécution du but sublime poursuivi par leur Père, la réparation des blasphèmes et des profanations dominicales. Il est toujours là, cet Institut, dans nos murs ! Il a toute notre affection, nous lui gardons notre meilleur dévouement, il est le véritable paratonnerre qui détourne de nous la foudre vengeresse d'un Dieu trop souvent outragé.

Pour compléter et couronner son Œuvre, pour lui donner un sanctuaire digne de sa grande mission, il avait conçu le projet d'élever une belle église de la Réparation, et il avait pu réunir déjà, pour le succès de l'entreprise, des sommes considérables. Une catastrophe ruina ses espérances immédiates, sans pouvoir ébranler sa confiance dans l'avenir. La mort vint le surprendre dans la conception de plans nouveaux.... mais l'église de la Réparation est toujours à faire ! et la paroisse de Lanoue et l'Archiconfrérie Réparatrice attendent toujours l'église et le sanctuaire depuis longtemps désirés !

Heureusement — et cela nous rassure — l'idée de notre vénérable pasteur a été enfin recueillie, il y a quelques années, par le prêtre qui a créé et qui dirige, pour le plus grand bien de l'Œuvre, LES ANNALES DE LA RÉPARATION, *Revue mensuelle* qu'on devrait rencontrer dans tous les foyers de Lanoue et de Saint-Dizier. Nous suivons avec intérêt la marche, lente il est vrai, mais sûre, de cet apôtre de la réparation parmi nous, et nous applaudissons aux efforts qu'il tente pour mener à bien cette entreprise qui sera la gloire de notre pays.

Tous les cœurs furent blessés à la mort de notre tant aimé pasteur, et Saint-Dizier fit une conduite triomphale aux restes vénérés de celui que tout le monde pleurait.

Sa succession ne fut pas longtemps disputée. Parmi les raisons qui désignaient à Mgr Guérin M. Jean-Baptiste comme nouveau curé de Lanoue, la reconnaissance pour les œuvres de son frère et la faveur du peuple entrèrent en ligne de compte. Le faubourg de Lanoue eut donc le pasteur qu'il désirait. Il y a déjà plus de 20 ans que M. J.-B. Marche est à la tête du troupeau, et pendant tout ce laps de temps la faveur populaire ne le quitta pas.

C'est que M. Jean-Baptiste est d'une exactitude réglementaire pour l'heure des offices, que son habileté légendaire rend aussi courts que possible. Debout tous les jours à cinq heures du matin, il est régulier comme un séminariste dans l'accomplissement de ses exercices de piété. Tous les jours encore, avec la régularité d'une pendule, il quitte le presbytère à la même heure pour visiter les malades et quelques amis. Dans les sorties qu'il fait à la campagne, pour présider à quelques offices et visiter les confrères, il n'oublie jamais qu'il est l'aumônier du monastère de la Réparation, où il doit être à quatre heures du soir pour donner la bénédiction du T.-S. Sacrement. Avec ces habitudes d'ordre et de régularité, M. J.-B. Marche est d'un abord facile, qui permet au pauvre et à l'ouvrier de lui parler sans crainte et de l'entretenir de leurs misères. Et de combien de misères n'a-t-il pas eu le secret et combien de larmes n'a-t-il pas séchées pendant l'espace de 44 années qu'il a passées au milieu de nous !

Notre vénérable pasteur me conserverait rancune si je continuais de faire son éloge, et si je prenais la peine d'énumérer les œuvres de sa vie pastorale. Je ne me propose pas de faire une notice biographique, ni un panégyrique. Dire que le troupeau est toujours attaché au pasteur, n'est-ce pas du reste composer en deux mots le plus bel éloge d'un curé ?

La fête que je veux raconter va donner un éclatant témoignage à ma propositon, et les détails de mon récit vaudront un panégyrique.

II. — Les VEILLES du JUBILÉ.

Nous autres catholiques, nous tressaillons d'allégresse à la vue des dons magnifiques du monde entier, que des foules nombreuses vont porter à Rome, aux pieds du Père de leurs âmes, à l'occasion de son Jubilé sacerdotal. Les offrandes de l'univers à Léon XIII forment dans les salles du Vatican une merveilleuse exposition qui fait l'admiration des visiteurs.

Mais quittons la Ville Éternelle et revenons à Saint-Dizier, au fau bourg de Lanoue.

Là aussi, il y a un prêtre qui porte sur son front une belle cou ronne de cinquante années de prêtrise. Ce prêtre est pasteur, et son troupeau veut célébrer dignement ses *Noces d'or*.

Pénétrons dans la chambre du presbytère, à droite en entrant, et admirons la petite exposition des dons offerts à M. le curé de Lanoue par ses paroissiens.

Une pensée bien chrétienne a déposé, dans la corbeille des *Noces d'or* de M. J.-B. Marche, quatre objets qui ont dû remuer les fibres de son cœur. C'est déjà une soutane, qui lui rappelle les jours loin tains où il quittait les livrées du siècle pour revêtir l'habit des clercs. Il peut regarder cette soutane avec une paix pleine d'espérance, car il porta cette livrée sacerdotale, dans les bons et les mauvais jours, avec une constante dignité.

C'est une belle aube que des mains habiles ont confectionnée pour le vieillard qui porte si vigoureusement à l'autel, le poids des ans, et qui semble être au lendemain de son ordination, tant les années ont su le respecter.

Deux chasubles, une blanche et une rouge, en soie moirée rehaus sée d'un beau galon, invitaient le prêtre à monter à l'autel qui avait réjoui sa jeunesse sacerdotale et qui lui avait conservé l'esprit de son saint état.

Et auprès de ces vêtements sacerdotaux, objets d'une attendris sante surprise pour le pasteur jubilaire, deux magnifiques volumes attirent l'attention. C'est d'abord la *Vie du Pape Léon XIII* et en suite la *Vie de Notre-Seigneur Jésus-Christ*, dont il fut le digne minis tre pendant un demi-siècle.

Quelle délicate et filiale reconnaissance en tout cela ? A quoi bon donner ici les noms des généreux donateurs ? Cette indiscrétion les offenserait et n'apprendrait rien à nos lecteurs, qui connaissent et apprécient depuis longtemps ces âmes sympathiques, toujours prêtes aux bonnes et belles actions.

D'autres avaient pensé aux agapes fraternelles qui devaient réunir la famille et les amis de M. J.-B. Marche, et ils avaient apporté à la composition du menu un véritable talent et une belle largesse.

D'autres enfin avaient eu la pensée la plus délicate que l'on puisse avoir en pareille circonstance. La fête de Monsieur Jean-Baptiste en effet eût été incomplète et manquée si les pauvres avaient été ou bliés. Aussi la charité veillait, et des sommes relativement importan tes tenaient dans la *Corbeille des Noces d'or* de M. Marche la place de la violette dans nos parterres. Oh ! le doux et céleste parfum de la charité chrétienne, qui veut se répandre discrètement par les mains du prêtre et d'un pasteur jubilaire !

Je ne sais si des joies plus suaves peuvent pénétrer l'âme d'un prêtre, — Oui, me dit un jour un prêtre de mes amis, la plus grande joie du prêtre est de convertir les âmes en souffrant pour elles. — Je veux bien le croire. Mais j'avoue qu'en présence des démonstrations dont je viens de parler, le cœur de M. le curé de Lanoue devait battre bien fort dans sa poitrine de vieillard.

Il était déjà tout entier à ces émotions, capables de remuer les esprits les plus rebelles, quand, la veille du grand jour, le mercredi 11 avril, au soir, toutes les petites filles des divers catéchismes, maîtresses en tête, se présentaient au presbytère pour dire au père de leurs âmes et au vénérable pasteur de Lanoue, au nom de toutes les familles, leurs sentiments de respectueuse reconnaissance et de filiale affection. Cette fois, le cœur n'y tint plus, les larmes de joie coulaient si abondantes que le pasteur put adresser difficilement quelques paroles à ces bonnes et chères petites brebis du bon Dieu.

Je confesse que ce tableau du prêtre vieillard pleurant devant des enfants me ravit, et que cette éloquence des larmes me subjugua.

Recueillez-vous maintenant, ô prêtre pasteur de nos âmes, et demandez pour demain courage et force au Dieu que vous avez fidèlement servi durant de longues années !

III. — Le JUBILÉ. La PROCESSION. La MESSE.

DEs raisons de famille et de temps avaient remis au 12 avril le Jubilé de M. Marche. Car c'est bien au vingt-quatre décembre 1887 qu'avait lieu l'échéance du cinquantième anniversaire de son ordination. Mais M. le curé de Lanoue est habitué de disposer à son gré des mois et des années. Il donne un flagrant démenti au proverbe : *Si jeunesse savait et si vieillesse pouvait !* Il est jeune et vieux tout à la fois : donc, il sait et il peut. Oh ! le privilégié, que la maladie n'ébranla jamais ! Privilégié même parmi ses frères et ses sœurs, au nombre de six, dont trois sont morts déjà dans des sentiments de foi admirable. M. Pierre Marche, le fondateur de l'Œuvre Réparatrice, n'avait pas cinquante ans quand la mort s'est abattue sur lui comme sur une victime de choix. Monsieur Marche, ancien notaire à Eclaron, pouvait encore fournir une longue carrière, quand il a quitté les siens pour une autre patrie. Une sœur qui ne s'était jamais séparée des deux prêtres, s'est envolée vers le ciel après une longue vie de dévouement et de vertus modestes. Il y a encore une religieuse dont la vie se consume dans les exercices de la Réparation, au monastère des Réparatrices de Saint-Dizier ; puis un frère qui garde honorablement le foyer et la tradition de la famille des Marche, à Doulaincourt, et qui ne s'endormira pas dans le Seigneur sans avoir donné un prêtre à la Sainte Église. Enfin M. Jean-Baptiste

Marche, le héros de mon récit, dont les trois cloches de l'église de Lanoue annonçaient, au 12 avril dernier, le Jubilé sacerdotal.

Il est dix heures du matin. Une foule compacte se presse dans le *Grand Jardin*, où se déroule la procession qui est venue prendre au presbytère le pasteur jubilaire. Je l'aperçois, je ne dirai pas couronné de beaux cheveux blancs,— la chevelure de M. Marche est d'un noir d'ébène qui dément ses soixante-dix-huit printemps, — mais radieux, triomphant, impatient de monter à l'autel, comme au jour de sa première messe : il porte la belle chasuble rouge que nous avons admirée dans sa corbeille de noces d'or.

Du presbytère à l'église il n'y a qu'un pas. L'œil le plus exercé n'aurait pu distinguer les notabilités qui honoraient de leur présence la solennité du Jubilé ; je remarque cependant tout un peuple d'ouvriers, accourus en habits de travail pour donner à leur curé ce court mais sincère témoignage de leur respectueuse et affectueuse sympathie.

Mais entrons à la suite des nombreux amis qui entourent M. Marche et qui remplissent l'église, il nous sera plus facile de donner de l'ordre à nos impressions.

M. le curé de Lanoue est à l'autel pour accomplir les divins mystères, mais revêtu de la chasuble blanche dont nous avons parlé plus haut. Trois vénérables prêtres sont à ses côtés pour l'assister durant le saint sacrifice : M. le doyen de Doulaincourt fait l'office de prêtre assistant, M. le curé de Villers-en-Lieu l'office de diacre, M. le curé de Chamouilley l'office de sous-diacre. En vérité, dans cette lumière tamisée par les grands vitraux du chœur qui représentent les patrons des deux frères, saint Pierre et saint Jean-Baptiste, on pourrait croire à la première messe d'un jeune prêtre assisté de ses respectables et vieux maîtres, tellement les années ont été heureusement capricieuses en faveur du prêtre célébrant, aussi vieux, plus vieux même que ceux qui l'entourent. Écoutez-le chanter du reste, et dites-moi si, aux échos de cette voix puissante, on croirait entendre le chant d'un vieillard !

Dans l'avant-sanctuaire, trente ecclésiastiques ont pris place, tous amis de M. le curé de Lanoue. Parmi eux, je citerai deux noms seulement, parce qu'ils sont plus particulièrement chers au vénérable prêtre qui célébrait sa cinquantaine; je veux dire M. l'abbé Marche, son neveu, ancien professeur au collège de Saint-Dizier et actuellement précepteur à Paris, et M. l'abbé Navet, premier vicaire à Saint-Germain-des-Prés, à Paris, dont la famille est de Saint-Dizier-Lanoue et qui doit en partie sa vocation aux deux abbés Marche, curés de Lanoue.

On voit avec plaisir les stalles de l'avant-chœur, à droite et à gauche, occupées par M. le Maire et ses deux Adjoints, et par M.M. les

Membres du Conseil de fabrique au complet. Cette précieuse sympathie doit être bien chère, je n'en doute pas, à notre vénérable pasteur.

La nef est absolument remplie de dames qui toutes viendront à l'offerte tout à l'heure témoigner à leur façon du respect et de la vénération qu'elles portent au pasteur de Lanoue. Les enfants de Marie et les enfants de toutes les écoles des Frères et des Sœurs sont là, fidèles au rendez-vous de la fête de leur père.

L'orgue est tenu par M. l'abbé Benjamin Foucault, lui aussi enfant de Lanoue, ancien professeur au collège de Saint Dizier et musicien dans l'âme.

J'allais oublier les gracieux petits enfants de chœur qui revêtaient, pour la première fois, un costume tout neuf, grâce au zèle et à la piété de M. Vincent, vicaire de Lanoue. Quelque chose d'inaccoutumé avait attiré mes regards sur ces jolis camails rouges qui ornaient la poitrine de ces chers enfants. En m'approchant de plus près, je pus distinguer une belle croix de l'Archiconfrérie supendue à un beau ruban blanc. Quelle heureuse innovation, qui trouvera sûrement des imitations dans tous les sanctuaires affiliés à Lanoue !

Cette croix me fit rêver à la dignité du sanctuaire dans lequel une si belle fête nous avait réunis. L'église de Lanoue n'est-elle pas en effet le siège de la Réparation ? Notre ville n'est pas connue seulement des industriels, mais la renommée a porté son nom sur tous les continents comme le nom d'une ville où est allumé pour toujours le foyer brûlant de la Réparation.

Alors mes yeux cherchaient partout les témoignages qui pouvaient rappeler les pensées de l'assemblée vers ces souvenirs déjà lointains, mais toujours présents. Et je vis à droite du maître autel, à la place d'honneur, la bannière de l'Archiconfrérie Réparatrice. Et à la voûte du chœur étaient suspendus des oriflammes qui reproduisaient les paroles aimées de l'Association : *Que le nom du Seigneur soit béni !* Et plus loin, en face de la nef, l'autel de la Sainte Face était brillamment orné ! En vérité, la fête de M. J.-B. Marche était la fête de l'Archiconfrérie. N'en est-il pas le Directeur ?

Tout parlait vraiment de la Réparation dans cette vieille église que les mains les plus habiles et les meilleures volontés n'avaient pu rajeunir. A travers ces mille ornementations du meilleur goût cependant, j'apercevais les murs lézardés du vieil édifice, et j'entrevoyais le monument réparateur que l'opinion populaire, guidée par la religion et la piété filiale, nomme si bien la *Basilique Réparatrice.*

O vénéré et toujours bien cher M. le curé Pierre Marche, votre souvenir, en ce moment, est dans tous les cœurs, votre nom sur toutes les lèvres, votre projet de Basilique dans tous les désirs ! Elle manque à notre paroisse, cette église de la Réparation ! Présentement, à l'heure où nous en sommes de la messe jubilaire, si une voix autorisée, s'élevant du sein de cette foule et s'adressant au vénérable pasteur, disait : Père, vous êtes l'heureux héritier de celui qui a béni nos berceaux, consacré nos alliances et nourri notre âme des vérités chrétiennes ; or il voulait, lui, la Basilique ! vous la voulez vous-même ! nous la voulons tous ! quand l'aurons-nous ?....... une réponse unanime, spontanée, imposante, éclaterait de toutes les poitrines et redirait à tous les échos de la ville et du monde : *Commençons, commençons ! Voulez-vous nos bras ? les voilà ! Voulez-vous notre argent ? le voici !*

Le suisse de la paroisse s'avançait si grave et si solennel vers moi, que sa démarche et ses armes étincelantes me tirèrent de mon rêve. M. le doyen de Notre-Dame de Saint-Dizier suivait le vieux serviteur de l'église toujours si fier de son office : c'était l'heure du sermon.

Le silence était parfait, l'auditoire sympathique, l'orateur bien inspiré. Le discours de M. le doyen fut un panégyrique solide, remarquable, victorieux, du sacerdoce catholique. Le prêtre est l'homme de la vérité, l'homme de la justice. l'homme de la charité ; ces trois idées furent développées largement, avec des accents de grande énergie et dans un style élégant, correct et abondant. Humble auditeur de M. le doyen, je ne résiste pas, en écrivant ces lignes, à la pensée qui m'incite à lui dire mon plus respectueux merci pour le bien qu'il a fait à l'assemblée catholique suspendue à ses lèvres. Au sortir de l'office, cent bouches parlaient avec éloge du beau discours entendu.

L'enthousiasme qui m'avait saisi quelques minutes avant le sermon, descendit de même dans le cœur de l'orateur ; et c'est avec un plaisir indicible que j'entendis M. le doyen faire appel du moins à quelques-uns des grands souvenirs qui agitaient mon âme. Il évoqua avec beaucoup de cœur l'ombre de M. Pierre Marche, qui avait été avant tout le ministre de la vérité, de la justice et de la charité ; et il rappela à l'auditoire une des grandes œuvres de ce prêtre zélé, l'Archiconfrérie Réparatrice, l'éternel honneur de la ville de Saint-Dizier. Quoiqu'attendues, ces paroles n'en furent pas moins goûtées et appréciées.

Dès le commencement de son instruction, M. le doyen avait dit au vénérable curé jubilaire qu'il ne foulerait pas la terre des vains éloges, mais que toute la trame de son discours serait remplie de sa vie et de ses œuvres. C'était délicat et digne de la chaire catholique.

Après le discours, la quête.

Une feuille imprimée et distribuée dans la ville par les soins de Victor Guérin, sacristain émérite de Lanoue, avait annoncé, au milieu de naïvetés charmantes, que l'offerte serait faite au profit des pauvres et la quête au profit de la fabrique.

Quand je vis s'avancer la main de la quêteuse, je me disais. : « La fabrique a besoin de ressources, il faut le croire , et M. le trésorier de cet établissement pourrait certainement nous le prouver mathématiquement. Mais si la quête, très fructueuse du reste, avait été annoncée et faite en faveur de la future Basilique, elle eût rapporté cent fois plus . »

Je prie M. le curé de Lanoue de retenir MadameLereuil pour une autre circonstance solennelle, qu'il fera naître à volonté, et dans laquelle cette aimable sœur quêteuse recueillera comme une pluie d'or nos offrandes.... pour la Basilique Réparatrice, à la grande joie, je le suppose, du comité de l'Œuvre.

L'office touchait à sa fin.On vit tout à coup sortir des sacristies de petits anges en robes blanches et couronnés de fleurs, portant des corbeilles de brioches :c'était le pain bénit de la fête.Cette soudaine apparition au milieu de nous de gracieuses et naïves petites filles chargées de distribuer le pain de la fraternité chrétienne avait un charme irrésistible. Tout en parcourant les rangs des fidèles, ces bonnes petites créatures souriaient à tous et recevaient avec contentement les sourires de tous. L'attention qui a présidé à la distribution du pain bénit par de petits enfants dans la fête d'un vieillard, ne laisse pas de me toucher singulièrement.

Mais pendant que nos yeux si doucement distraits suivaient les anges en cours de distribution, trois jeunes filles des classes, elles-mêmes habillées de vêtements blancs, se tenaient debout à la table de communion. Comme ces étoffes blanches,dans la forme qu'on les porte à l'église, conviennent bien aux jeunes filles ! Et qu'on aime à les voir dans ce costume s'avancer en procession ! La paroisse de Lanoue est vraiment privilégiée sous ce rapport. M. le curé tient à cette démonstration symbolique de la modestie chrétienne ; et les enfants de Marie aussi bien que les jeunes filles du catéchisme viennent en masse, à certains jours de fête, donner ce témoignage public de leur obéissance et de leur bon esprit.

Le dernier évangile récité, M. J.-B. Marche, le digne officiant jubilaire, accompagné des vénérables prêtres assistants, se rendit, sur un signe, vers les marches du sanctuaire, où l'attendaient, graves et émues,les trois jeunes filles dont il vient d'être question.L'une d'elles lut au vénéré pasteur de Lanoue le compliment que je puis heureusement reproduire. Mes lecteurs me sauront gré certainement de redire ici ce que la très grande foule n'a pu entendre alors.

Cher et vénéré Pasteur,

Sans doute, il vous souvient du jour trois fois heureux
Où votre âme à Jésus s'enchainait de doux nœuds ;
Pour la première fois, votre main consacrée
Élevait sur l'Autel la Victime adorée.
Un bonheur ineffable alors vous inondait,
A flots, de votre cœur, l'amour saint débordait ;
On eût pu voir vers vous se pencher le bon Maître,
Et l'ange s'incliner devant le nouveau Prêtre.

Mais, depuis ce beau jour, cinquante ans ont passé :
Un immense trésor depuis s'est amassé.
Ensemble, parcourons votre longue carrière !
Sans crainte vous pouvez regarder en arrière :
Saint Pasteur, quel remords en vous s'éveillerait ?
Dieu, vous l'avez servi ; le bien, vous l'avez fait.
Qui parmi nous sema le grain de l'Évangile ?
Qui nous fit du Seigneur trouver le joug facile ?
Dans le chemin du Ciel qui dirigea nos pas ?
Qui nous fit entrevoir la palme des combats ?
Quelle voix adoucit les pleurs et la souffrance
Et quelle main toujours s'ouvrit à l'indigence ?
Ah ! notre Bienfaiteur, mille voix l'ont nommé,
C'est le Prêtre du Christ, le Pasteur bien-aimé
Que la sagesse inspire et la charité presse,
Qui donne à son bercail sa vie et sa tendresse.
Qu'en ce jour, favorable à la reconnaissance,
Nous disions de ses chants le plus doux, le plus beau,
Pour bénir le Pasteur dont toujours la présence
Nous cause un vrai plaisir, un bonheur pur, nouveau.
Mon Dieu, conservez-nous ce digne et tendre Père,
Sur son chemin semez de gracieuses fleurs,
Rendez heureux ses jours, bien longue sa carrière :
Voilà notre désir et le vœu de nos cœurs.

L'émotion avait gagné M. le curé de Lanoue, c'était visible. Cette petite mise en scène, bien touchante il est vrai, et à laquelle il ne s'attendait pas, lui permit de remercier l'assemblée venue en si grand nombre lui donner ce précieux témoignage d'une affection qui ne se démentit jamais. Et le vénérable pasteur, tout pénétré des grandes vertus des grands mérites, des grands travaux de son glorieux frère M. Pierre Marche, son prédécesseur immédiat, qu'il appelle l'apôtre de la paroisse de Lanoue, oublie tout le bien qu'il a fait lui-même durant les longues années qu'il a passées à Saint-Dizier, pour faire remonter jusqu'à son frère l'affection dont on l'entoure. Cette modestie, qui ne trompe pas ceux qui peuvent entendre M. J.-B. Marche, est bien la preuve cependant de la grande place toujours occupée dans la paroisse par son regretté frère.

Pendant que le pasteur jubilaire parlait à son peuple et à ses amis avec les accents du cœur, quelqu'un me fit remarquer la tenue et la figure rayonnante du sacristain, qui buvait en vérité chaque mot tombé des lèvres de son curé C'est que cette cinquantaine, il l'avait tant désirée ! il l'avait si bien préparée ! il l'avait rendue sienne ! Et en ce moment là même, Victor Guérin avait l'air de vous dire avec un parfait contentement : « Et moi aussi je suis cinquantenaire ! plus que cela même, car il y a cinquante-cinq ans que je suis sacristain de Lanoue ! » Ceux qui autrefois signaient de cette façon : X.. deux fois consul, et ceux qui de nos jours peuvent signer ainsi : X.... plusieurs fois ministre, éprouvaient et éprouvent moins de bonheur que ce fidèle serviteur qui signe : Victor Guérin, sacristain de Lanoue.

Il est beau en effet de servir à l'autel et dans la maison du bon DIEU *pendant cinquante-cinq ans !* Et la joie du bon et fidèle serviteur en pareille fête est bien de circonstance !

La Messe était terminée, et chacun commençait à se mettre en mouvement pour quitter le lieu saint, quand il fut annoncé que M. le curé de Lanoue, usant d'une faveur signalée, allait donner la bénédiction apostolique, qui confère une indulgence plénière aux personnes disposées. C'est ce qui eut lieu en effet.

C'est au Directeur de l'Archiconfrérie Réparatrice, en vue de l'aider à construire la Basilique, que le Saint-Père a accordé ce privilège insigne.

Ainsi cette grande pensée de la Réparation plane sans cesse au-dessus de la tête de M. le curé de Lanoue. Sans elle, il faut l'avouer, il serait singulièrement amoindri ; avec elle, son jubilé sacerdotal, qui s'est épanoui sous l'affection de ses paroissiens, franchit les limites de sa paroisse et va jusqu'aux rivages les plus lointains communiquer un peu de sa joie à des millions d'Associés à l'Archiconfrérie Réparatrice.

Un cantique de circonstance, entraînant, chanté par cent voix bien fraîches de jeunes filles, sous la direction de M. l'abbé Foucault, servait de clôture à cet office où tant de cœurs amis avaient battu à l'unisson de celui de M. J.-B. Marche.

IV. — Les AGAPES.

LEs trois belles cloches de la vieille église envoyaient à tous les échos de la ville le son de leurs volées solennelles et joyeuses. Elles devaient bien leurs chants inimitables et toujours compris au pasteur jubilaire qui les avait créées pour appeler les fidèles aux fêtes du bon DIEU ! Leur mission avait été, dans les vues du bon pasteur, d'appeler aux offices saints, le dimanche surtout, les paroissiens de Lanoue, dépositaires de l'Œuvre admirable de la Réparation des profanations dominicales. Elles ont été fidèles au mandat qu'elles avaient reçu au jour de leur baptême. Et nous, mes amis et mes chers compatriotes, avons-nous été fidèles aux vues de la Providence sur notre paroisse ?

Elles sonnaient, les cloches, elles sonnaient toujours, elles sonnaient l'Angelus de midi, elles sonnaient l'heure des agapes où M. le curé de Lanoue réunissait à sa table ses parents, ses amis, tous les prêtres du canton de St-Dizier.

On me trouvera peut-être indiscret, mais, pour être historien fidèle, il faut avoir bien vu et avoir bien entendu.

Je demande donc la permission d'entrer dans la salle à manger avec mes bons yeux, avec mes bonnes oreilles, non sans doute pour remarquer les mets divers qui vont se succéder sur cette table en fer à cheval, et pour entendre le cliquetis plus ou moins gracieux des assiettes et des verres ; j'ai des vues plus élevées, et les convives ne me pardonneraient pas cette ridicule exhibition.

Toutefois une belle pièce montée frappe mes regards tout en entrant. Elle s'élève devant la place d'honneur réservée à M. Jean-Baptiste. Ce nougat représente la future Basilique Réparatrice avec ses deux belles tours. C'est, selon moi, une idée superbe que cette Basilique en gâteau qui se dresse sur la table, en face des convives, qui devront la regarder et s'en occuper. C'est la question du jour après tout, et particulièrement à la table de M. le curé de Lanoue. Il m'a été dit que ce nougat si opportun était dû à la générosité des enfants de Marie et à l'habile facture de M. Goujat. Mais passons ; j'espère qu'on en dira un mot de cette Basilique ?

Les convives sont à table. Je compte dix membres de la famille de M. J.-B. Marche. M. le Maire de St-Dizier est à droite du pasteur, M. le Président de la fabrique est à sa gauche. M. de Marche d'Écla-ron ayant à sa droite M. le Doyen, à sa gauche M. le premier Adjoint, est en face de M. le curé. Les autres convives, qui se composent de M. le second Adjoint, de ces Messieurs de la fabrique, de tous les prêtres du canton de Saint-Dizier, de plusieurs anciens vicaires de Lanoue, sont placés par rang d'âge et de dignité. J'ai admiré les relations faciles et vraiment amicales qui existaient entre tous les convives. Il n'y avait pas là cette contrainte si remarquée parfois à d'autres tables. Les deux autorités civile et religieuse sont du reste si bien faites pour s'entendre et s'aimer, que leurs représentants intelligents, et dévoués sincèrement au bonheur de tous, se rencontrent toujours sur le terrain d'une réciproque bienveillance.

M. le curé de Lanoue jouissait de ces dispositions générales Habituellement, je le sais, il n'engendre pas la mélancolie. S'il devient quelquefois *laudator temporis acti*, c'est sans amertume et sans insistance. Mais la joie débordait en ce jour de ses *Noces d'or*, et ses francs rires entraînaient ses convives dans le doux pays de la gaieté. La gaieté fut donc la dominante de cette table d'amis pour fêter la cinquantaine de M. J.-B. Marche.

Mais les conversations allaient, allaient toujours leur train joyeux, et les heures s'écoulaient de même.

On commençait à chuchoter.

On se demandait qui porterait un toast, qui prendrait la parole.

Bientôt satisfaction fut donnée à tous, lorsqu'on vit M. le Directeur des Annales de la Réparation se lever et prendre position pour la circonstance.

Écoutons au milieu d'un profond silence qui témoigne que c'est bien lui qu'on désire entendre.

Le TOAST.

M. LE CHANOINE ET TRÈS HEUREUX CURÉ,

Ne rien dire en cette circonstance exceptionnelle eût été remarqué, et vous auriez pu, à juste titre, soupçonner l'affection de votre muet compatriote qui travaille depuis si longtemps avec vous à l'Œuvre si chère de la Réparation. Parler, d'autre part, est périlleux pour moi ; je le comprends mieux que personne.

Permettez-moi donc de porter un toast à votre jeunesse perpétuelle.

Il faut croire, Messieurs, que la belle et noble cité de Saint-Dizier, si dignement représentée à cette table d'honneur, gardait pour le vénérable prêtre dont nous célébrons aujourd'hui le jubilé sacerdotal, ses faveurs les plus signalées.

Jouir en effet, pendant 40 ans, des faveurs d'une cité, c'est se désaltérer chaque jour aux ondes mystérieuses et bienfaisantes de la fontaine de Jouvence !

Vivre au milieu d'un peuple dont on se sent aimé, c'est avoir le secret de mettre en fuite les noirs soucis, les humeurs chagrines, les maladies et les médecins ! Voyez, du reste, Messieurs, il n'y a pas de médecins à la table de M. le Chanoine, il n'y a que des amis.

Aussi, St-Dizier est fière de M. Jean-Baptiste, dont la jeunesse toujours active est brouillée avec les ans.

Avec M. Marche, ça *marche* bien à St-Dizier. (Oh ! Messieurs, pardonnez-moi ce calembour qui m'échappe, car je n'ai pas l'habitude d'en faire !) Et si quelques âmes trop prévoyantes redoutent pour l'avenir une *marche* au pas *accéléré*, priez-les, Monsieur le Chanoine, de se tranquilliser.

Vous êtes souvent en avance, il est vrai ; mais nous savons que le train part sans vous.

Donc, au grand contentement de vos chers paroissiens et de toute la cité, tout *marchera* bien, longtemps encore, sous la houlette du vénéré M. J.-B. Marche.

Votre frère, de sainte mémoire, avait avant vous gagné les âmes de Lanoue : en lui succédant, vous avez, vous, M. le Chanoine, gagné les cœurs. Quelle riche et consolante moisson dans les greniers du Père de famille et qui fait aujourd'hui l'espérance et la consolation du bon Pasteur ! Quel n'eût pas été d'ailleurs votre bonheur et le nôtre à tous, s'il vous avait été donné de pouvoir célébrer vos *Noces d'or* dans la Basilique de la Réparation !

Mais vous buvez à des sources inépuisables et incommunicables de vie et de santé ; donc, sous les voûtes sonores et élancées de la future belle église de Lanoue, un jour et bientôt, à vos *noces de diamant*, un Te Deum grandiose et triomphant éclatera autour de vous de mille voix émues et enthousiasmées.

Quel beau jour pour vous ! quel beau jour pour Saint-Dizier !

Mais voici qu'une pensée bien délicate a rendu attrayant le projet que j'expose si mal.

Oh ! les deux belles tours qui s'élèvent devant vous, M. le Chanoine !

Et, si tout à l'heure la friandise les démolit sans pitié, l'idée restera, et les deux tours s'élèveront un jour à la gloire des deux Marche, pasteurs bien-aimés de Lanoue.

A vos noces de diamant, M. le Chanoine !

Dire quel accueil fut fait à ces paroles serait bien difficile ! Comment décrire surtout les inflexions de voix de l'orateur, qui donnaient à chacune de ses paroles un sens très spécial qui ne se peut reproduire ? Comment redire les émotions successives qui se traduisaient par de francs rires, par de bienveillantes approbations de la tête et des mains, et par le silence de l'admiration en face de la Basilique future où chacun se croyait à la veille de pénétrer ? Tout ceci allait de l'orateur aux convives avec la rapidité de l'éclair.

Enfin les cœurs étaient ouverts, et tout le monde, sous le charme persistant des paroles de M. Servais, devisait à son aise du grand projet qui doit enfin donner une vie nouvelle à la paroisse de Lanoue, et une gloire durable à la ville de Saint-Dizier. Chacun faisait ses plans, chacun indiquait la place où elle s'élèverait, chacun prophétisait l'époque des travaux, tous voyaient dans l'Église de la Réparation une solution depuis longtemps attendue et désirée. Le mot vrai de la situation venait d'être dit, c'est pourquoi tous les cœurs se dilataient.

Les convives purent quitter le presbytère avec un mot qui les avait frappés, et avec une espérance de voir bientôt se réaliser le plan primitif et toujours nouveau de la Basilique Réparatrice.

Il m'a été dit que le long du chemin, sur les trottoirs de la ville, laïques et ecclésiastiques continuaient à s'entretenir du projet si affectueusement caressé et si chaudement soutenu par M. Servais. Je ne veux point ici me faire l'écho de conversations privées : il suffit que je les connaisse pour affirmer clairement la bonne volonté de l'administration municipale en faveur de cette glorieuse et nécessaire entreprise.

V. — CONCLUSION.

LE cinquantième anniversaire de l'ordination sacerdotale est vraiment un grand et beau jour pour le prêtre, pour la paroisse qu'il dirige, et pour l'Église, dont il est le ministre.

C'est pour le prêtre la consommation de sa consécration au Seigneur. — Non qu'il ait attendu ces derniers temps de la vie pour se vouer au service du Roi immortel des siècles, mais ce magnifique couronnement de la vie devient aussi le couronnement de la victime sacerdotale et la plénitude de sa consécration.

En effet, après cinquante années de bons et loyaux services dans la tribu sacerdotale, le prêtre, qui n'a dû traiter que des intérêts sacrés, dont la vie s'est consumée dans l'étude, la prédication et la distribution des saints mystères, le prêtre est tout embaumé des parfums de la sainteté et tout pénétré des effluves de la grâce.

Avoir traversé sans se souiller le fleuve immense des iniquités humaines, et poser sur l'autre bord des pieds valides qui n'ont point connu la fatigue pendant cinquante ans, n'est-ce pas un triomphe pour le prêtre ?

C'est ce triomphe que M. J.-B. Marche célébrait le 12 avril de l'année 1888.

Le Jubilé sacerdotal d'un pasteur est aussi la fête de la paroisse. Je pourrais, empruntant ici les paroles de la Bible, dire à notre vénérable curé : « L'anniversaire cinquantième de votre ordination est une année sainte pour vous, et elle annonce une grande joie à tous vos paroissiens : en effet, c'est votre Jubilé. »

Le Jubilé, c'est la fête par excellence où une paroisse se souvient et témoigne sa reconnaissance des bienfaits reçus. La paroisse de Lanoue vient de le prouver, elle a gardé le souvenir du cœur. Elle vit du reste depuis si longtemps sous la houlette des frères Marche, que sa vie est comme identifiée avec eux. Leur administration en effet aura laissé au milieu de nous des traces ineffaçables et des bienfaits signalés.

L'Église, ah ! l'Église est elle-même dans la joie quand son prêtre atteint les années jubilaires. En ces jours des noces d'or qui semblent rajeunir la consécration sacerdotale, ou du moins lui donner un lustre nouveau, l'Église, qui a vu son prêtre soutenir à travers le monde les intérêts de Dieu et de son Christ, et qui le voit après cinquante années revenir chargé de dépouilles opimes, les âmes enlevées à l'ennemi, l'Église, dis-je, redit à son prêtre avec une affection indicible la parole d'Isaac à Jacob : « L'odeur de mon enfant est comme l'odeur d'un champ de blé qu'a béni le Seigneur. »

Et dans le jubilé de M. J.-B. Marche, comment l'Église n'aurait-elle pas ressenti les tressaillements dont je viens de parler ? Mr Pierre Marche et M. J.-B. Marche ne font qu'un à la tête de la paroisse de Lanoue. Or, l'Église n'a point cessé de bénir, d'encourager, de soutenir les grandes œuvres qui ont immortalisé le nom de Marche; et elle ne pouvait pas ne pas se réjouir au jour des *noces d'or* du survivant des deux frères Marche.

Le jubilé de M. le curé de Lanoue a donc été un beau jour pour nous tous; et les espérances qu'il a fait naître chez quelques-uns, qu'il a ranimées chez d'autres et fortifiées chez tous, en nous prouvant que la *troisième grande œuvre* de M. Pierre Marche, la construction de la Basilique Réparatrice, était bien le vœu du clergé et des fidèles, seront pour nous, en attendant la saison des fruits, le *Bouquet spirituel* au parfum vivifiant et durable.